FACULTE DE DROIT DE PARIS.

THÈSE

POUR LA LICENCE.

L'Acte public sur les matières ci—après sera soutenu,
le jeudi 27 juillet 1854, à dix heures,

Par Paul GOLLÉTY, né à Bourg (Ain).

Président, M. ORTOLAN, Professeur.

	MM. DEMANTE,	
	COLMET-DAAGE,	Professeurs.
Suffragants :	DE VALROGER,	
	ROUSTAIN,	Suppléant.

*Le Candidat répondra en outre aux questions qui lui seront faites
sur les autres matières de l'enseignement.*

PARIS.

VINCHON, FILS ET SUCCESSEUR DE Mᵐᵉ Vᵉ BALLARD,
Imprimeur de la Faculté de Droit,
RUE J.-J. ROUSSEAU, 8.

1854.

3306

A LA MÉMOIRE

DE MON PÈRE.

———

A MA MÈRE.

JUS ROMANUM.

DE INTERDICTIS.—DE VI ET VI ARMATA.—UTI POSSIDETIS.— DE PRECARIO.

(Dig. xliii, 1, 16. 17, 26.)

DE INTERDICTIS.

. Interdicta olim erant formæ atque conceptiones verborum , quibus prætor aut jubebat aliquid fieri, aut fieri prohibebat. In quibusdam causis, et præsertim quum de possessione vel quasi-possessione ageretur, nulla dabatur civilis actio ; tum prætor duo-bus modis auctoritatem suam præponebat : decretis vel inter-dictis. Decretum generale erat et ad omnes pertinens, interdictum privatum, pertinens duntaxat ad eas personas inter quas inter-dicto agebatur. Actor in jus adversarium vocabat et interdictum petebat ; prætor formulam causæ legem aut dabat aut denega-bat. Jussui prætoris obtemperante reo peractum est negotium, non autem obtemperante, non peractum, sed ad judicem recu-peratoresve itur, et ibi, editis formulis, quæritur an aliquid adversus prætoris edictum factum sit, vel an factum non sit quod is fieri jusserit.

Plurimis modis dividuntur interdicta.

Interdicta de divinis aut humanis rebus redduntur; divinis ut de locis sacris, vel religiosis; humanis, de his quæ sunt alicujus aut de his quæ nullius sunt. Quæ sunt nullius, ait Ulpianus, sunt : liberæ personæ, de quibus exhibendis, ducendis interdicta competunt. Quæ sunt alicujus sunt aut publica aut singulorum. Publica, de locis publicis, de viis deque fluminibus publicis. Quæ autem singulorum sunt, aut ad universitatem pertinent, ut quorum bonorum, aut ad singulares res, ut est interdictum uti possidetis, de itinere actuque.

Summa autem divisio, inquit Justinianus, in eo est quod aut prohibitoria sunt, aut restitutoria, aut exhibitoria : ex prohitoriis interdictis semper per sponsionem agi solet; ex restitutoriis vero et exhibitoriis, modo per sponsionem, modo per formulam agitur quæ arbitraria vocatur.

Sequens in eo est divisio, quod vel adipiscendæ possessionis causa comparata sunt, vel retinendæ, vel recuperandæ. Adipiscendæ possessionis sunt interdicta quæ competunt his qui ante non sunt nacti possessionem, ut quorum bonorum vel Salvianum interdictum; recuperandæ his qui possessionem amiserunt et recuperare volunt, ut unde vi; retinendæ his qui possessionem retinere volunt, sicut uti possidetis. Sunt etiam interdicta tam recuperandæ quam adipiscendæ possessionis, veluti quem fundum et quam hereditatem.

Alia interdictorum divisio est : interdicta duplicia in quibus uterque rei simul et actoris partes sustinet; simplicia in quibus alter actor, alter reus, exhibitoria vel restitutoria.

Noxalia sunt ea quæ ob delictum eorum quos in potestate habemus dantur, veluti quum vi dejecerunt.

Interdicta quædam annalia sunt, quædam perpetua.

Sunt autem omnibus interdictis quædam communia. Sic Ulpianus dicit interdicta omnia, licet in rem videantur concepta, vi tamen ipsa personalia esse. Enim vero non rem esse suam principaliter intendit actor, sed reum restituere, exhibere vel aliquid pati oportere, et hæc est in personam actionum intentio. Item omnia interdicta causam possessionis vel quasi-possessionis continent. Denique in interdictis generaliter ratio habetur fructuum ex quo edita sunt, non retro.

Ea erat olim interdictorum ordo. Justiniani vero tempore, in omnibus judiciis non interdictum reddi necesse est; sed judicatur sine interdictis perinde ac si utilis actio ex interdicti causa reddita fuisset.

Nunc de interdictis unde vi, uti possidetis, de precario dispiciendum est.

DE VI ET VI ARMATA.

(Tit. xvi.)

In duobus causis datur unde vi interdictum : sunt enim et vis armata et vis quotidiana. Si quis vi dejectus sit ex possessione fundi vel ædium ei proponitur interdictum, per quod is qui dejecit, cogitur ei restituere possessionem, si modo is qui dejectus est, nec vi, nec clam, nec precario possideret.

Si vero armis dejecerit, licet aut vi, aut clam, aut precario possideret, interdicto unde vi cogitur possessionem restituere. Is enim qui cum armis venit potest armis repelli, sed hoc confestim, non ex intervallo. Justiniani tempore confunduntur duæ causæ, interdictum datur, licet is ab eo qui vi dejecit, vi, vel clam, vel precario possidebat.

Hujus interdicti formula hæc est : unde tu illum vi dejecisti aut familia tua dejecit, de eo quoque ille tunc habuit, tantummodo intra annum, post annum de eo quod ad eum pervenit, judicium dabo. De natura possessionis vi, clam, aut precario nihil dicit hæc formula, sine dubio interpolata est.

Non ad alium pertinet hoc interdictum quam qui ex eo loco quem possidebat vel naturaliter vel civiliter expulsus est. Per colonum vel inquilinum possidere videntur domini; itaque non colono vel inquilino competit hoc interdictum sed domino, et his dejectis, dominus dejici videtur.

Datur hoc interdictum adversus eum qui vi dejecit sive ipse, sive per familiam, sive per mandatorem, et adversus heredem ejus qui vi dejecit quatenus ad eum pervenit.

Ad res mobiles non pertinet interdictum unde vi, nam et causa furti, vel vi bonorum raptorum actio competit, vel et ad exhibendum. Si vero res quædam sunt in fundo vel in ædibus unde quis dejectus est, etiam earum nomine competit interdictum.

Imo Valentiniani constitutio res mobiles ac immobiles tuetur : qui alienarum rerum possessionem invasit, non solùm possessori eam restituere, verum etiam æstimationem earumdem rerum compellitur.

Hoc interdictum et hæredi et cæteris successoribus competit.

Qui vi dejectus est, quidquid damni senserit ob hoc quod dejectus est recuperare debet, ita et rem ipsam et omnia quæ ibi fuerunt, et etiam si ista postea perierint. Ex die quo quis dejectus est, fructuum ratio habetur.

Non solum fructuum ratio in hoc interdicto habetur, verum cæterarum etiam utilitatum habenda est. Omnia quæcumque habiturus vel adsecuturus erat is qui dejectus est, si vi dejectus non esset, debent restitui. Intra annum utilem datur hoc interdictum.

UTI POSSIDETIS.

Hujus interdicti hæc est formula : uti eas ædes, de quibus agitur, nec vi, nec clam, nec precario, alter ab altero possidetis, quominus ita possideatis vim fieri veto.

Prohibitorium est hoc interdictum, et hujus causa est, ne vis fiat ei qui possidet. Ad omnes res immobiles non solum ad ædes competit. Duplex etiam est, quia uterque et actor sit et reus; uterque actor, quia uterque possessorem se esse intendit; uterque reus, quia dum se possessorem dicit, simul adversarium negat possessorem.

Datur hoc interdictum ei qui possidet civiliter vel naturaliter, sed non vi, clam aut precario. Possidere est animo seu affectu domini tenere. Qui alium dominum agnoscunt, tenent sed non possident. Itaque nec colonis nec usufructuariis competit. Cæterum animo solo retinetur possessio, et nihil interest utrum quis injuste an juste possideat. Quod ait prætor in interdicto : nec vi, nec clam, nec precario, alter ab altero possidetis, hoc eo pertinet ut, si quis possidet vi, clam aut precario, et ab alio prosit possessio, interdictum uti possidetis ei competit; si vero ab adversario suo, non potest vincere, hæc enim possessio non ei proficere debet.

Adversus eum datur interdictum uti possidetis qui possessionis facit controversiam.

Intra denique annum utilem datur illud interdictum, et condemnationis summa refertur ad rei ipsius æstimationem. Quanti res est, ait Ulpianus, sic accipimus, quanti uniuscujusque interest possessionem retinere.

DE PRECARIO.

Precarium est, inquit Ulpianus, quod precibus petenti utendum conceditur tamdiu, quamdiu is, qui concedit, patitur. Quod genus liberalitatis ex jure gentium descendit. Distat a donatione eo, quod qui donat, sic dat, ne recipiat : at qui precario concedit, sic dat, quasi tunc recepturus, cum sibi libuerit precarium solvere. Et est simile commodato ; nam et qui commodat rem, sic commodat, ut non faciat rem accipientis, sed ut ei uti re commodata permittat. Ab hoc vero differt in ea re quod res commodata, usu tantum finito, reddi debet; res precario data, huic qui hanc dedit reposcenti statim reddi debet.

Ad res mobiles et immobiles et ad ea quæ in jure consistunt competit precarium.

Habet precario, ait Ulpianus, qui possessionem vel corporis vel juris adeptus est ex hac solummodo causa quod preces adhibuit ; et impetravit ut sibi possidere aut uti liceat. Si quis per procuratorem rogaverit et ratum habuerit, ipse habere precario videtur. Non ex alia quam precum causa oportet possidere, hinc hospites non habitare precario intelliguntur.

Precaria possessio constitui potest, vel inter præsentes, vel inter absentes, velut per epistolam. Preces etiam, quamvis hoc interdictum *precarium* dicatur, non semper necessariæ ; nam precario possidere videtur, ait Paulus, non tantum qui per epistolam vel quacumque alia ratione hoc sibi concedi postulavit ; sed et is qui nullo voluntatis indicio, patiente tamen domino possedit.

Qui precario habet, possidet ; non tamen possidet qui ut precario in fundo moretur, rogavit, tunc qui concessit solus possessor. Precarium ad certum tempus constitui potest, et in longius tempus proferri ; ad certam quoque conditionem constituitur, adveniente conditione, solvitur.

Precarium est restitutorium interdictum, et æquum est ut, eatenus qui rogavit possideat, quatenus qui concessit velit. Itaque cum quid precario rogatum est, non solum hoc interdicto uti possumus, ait Ulpianus, sed etiam præscriptis verbis actione quæ ex bona fide oritur.

Hoc interdictum competit ei a quo quis rogavit ut precario possideret, non semper domino. Tenetur hoc interdicto non qui rogavit, sed qui habet precario; itaque si servus alicujus, illo mandante, precario rogaverit, tenebitur quasi precario habeat.

Hoc interdicto tenetur heres ejus qui precario rogavit. Res restitui debet in pristinam causam; illam reo non reddente, condamnatio in tantum est quanti interfuit actoris. Res et fructus ex die editi interdicti restitui debent. Dolum et culpam latam generaliter dicendum est, ait Ulpianus, in restitutionem venire. Post vero interdictum in mora est reus et omnem causam constituere debet.

Hoc interdictum et post annum competit.

POSITIONES.

I. Interdicta species actionum in personam sunt, quamvis in rem concepta.

II. Si postquam is qui dejecit condamnatus est, res perierit intra tempora judicati actionis, nihilominus tenetur.

III. Ex causis in quibus de publica utilitate agebatur oriuntur interdicta.

IV. Restitutoria vel exhibitoria per arbitrariam formulam aut per sponsionem explicantur, probitoria vero semper per sponsionem.

DROIT FRANÇAIS.

DE LA PRESCRIPTION.
(Code Nap., liv. iii, tit. 20, art. 2219-2281.)

CHAPITRE PREMIER.

DISPOSITIONS GÉNÉRALES.

Quelques notions historiques nous semblent indispensables avant d'aborder la législation qui nous régit. Par la loi des Douze Tables, celui qui avait possédé un meuble pendant un an, un immeuble pendant deux ans, en acquérait la propriété. C'était l'*usucapio*. Ce mode d'acquisition s'appliquait tant aux choses *mancipi* qu'aux choses *nec mancipi*, mais non au sol provincial. De là l'introduction d'une exception appelée prescription (*præ scribere*) qui, après une possession de dix ans entre présents et vingt ans entre absents, mettait le possesseur à l'abri de toute recherche, et rendait la revendication impossible.

Il y avait cette différence entre la prescription et l'usucapion, que l'usucapion était un moyen d'acquérir le *dominium* par l'usage, c'est-à-dire par la possession, tandis que la prescription n'était qu'une simple exception pour repousser l'action du propriétaire.

Néanmoins, du temps d'Ulpien, la prescription avait acquis une prérogative qui la rapprochait de l'usucapion : le possesseur pouvait exercer l'action utile pour recouvrer la chose. Ces deux droits tendaient de plus en plus à se confondre, et enfin, sous Justinien, toute différence cessant entre le sol italique et le sol provincial, ils furent fondus en un seul. La prescription des immeubles s'obtint par dix ou vingt ans avec bonne foi, et celle des meubles fut prorogée de un an à trois ans. Les conditions exigées étaient une juste cause de la possession, la bonne foi dans le possesseur, la possession pendant le temps déterminé ; il fallait de plus que la chose fût dans le commerce, et n'eût été ni volée ni occupée par violence.

Une grande innovation s'opéra sous les empereurs. Ils introduisirent la prescription de trente ans, qui protégea les possessions sans titre ou vicieuses en empêchant la revendication après trente années. Cette prescription trentenaire, due au grand Théodose, ne donnait qu'une exception pour repousser le propriétaire qui, pendant ce laps de temps, avait négligé de réclamer sa chose. Si le possesseur en était dessaisi, aucune action ne lui était accordée pour la recouvrer.

On connaissait encore à Rome la prescription de quarante ans frappant les droits auxquels la prescription trentenaire n'était pas applicable, et une prescription de cent ans établie en faveur de l'église.

Notre ancienne jurisprudence a adopté presque sans modification les règles du droit romain. Arrivons donc au Code Napoléon, et cherchons d'abord à montrer l'utilité et la légitimité de la prescription.

Si nous supposons le possesseur de bonne foi, la justification de la prescription sera facile; car mille causes diverses, un déplacement de limites, une confusion de noms peuvent faire qu'une erreur revête toutes les formes de la vérité, et qu'ainsi des droits passent pour incontestables parce qu'ils ne sont pas contestés. Ces droits engendrent une foule de contrats qu'on ne saurait résoudre sans jeter la plus grande perturbation, et cela dans le seul but de favoriser un propriétaire négligent qui, par son silence, a encouragé la confiance des tiers dans des titres qu'ils devaient croire légitimes et fondés.

Si maintenant nous prenons l'hypothèse où la possession de celui qui l'invoque a été de mauvaise foi dès l'origine, la question devient plus délicate. On ne voit pas en effet, au premier abord, comment une usurpation peut devenir un droit, comment un titre vicieux peut être reconnu, protégé par la loi. Il faut chercher l'explication de cette difficulté dans des considérations d'un autre ordre que dans le premier cas. Ici, c'est l'intérêt général qu'il a fallu satisfaire; cet intérêt exigeait qu'on fixât un terme après lequel il ne serait plus permis d'inquiéter les possesseurs. On ne pouvait sans de grands dangers laisser, par une recherche scrupuleuse du passée, dépouiller la propriété de ce caractère de certitude qui lui est si nécessaire.

La prescription ne devait donc pas être rejetée, parce qu'elle peut dans certains cas causer quelque mal particulier, et elle mérite à plus d'un titre cette épithète de *patrona generis humani* dont on l'a décorée.

On distingue dans notre droit deux sortes de prescriptions : la prescription acquisitive, qui est un moyen d'acquérir la propriété et certains droits réels, et la prescription libératoire, moyen de se libérer.

Le Code, envisageant la prescription sous ces deux points

de vue, la définit : un moyen d'acquérir ou de se libérer par un certain laps de temps, et sous les conditions déterminées par la loi.

Cette définition a été l'objet d'assez vives critiques ; on a dit : le temps ne peut pas être par lui-même une manière d'acquérir ou de se libérer ; *tempus non est modus constituendi vel dissolvendi juris*. C'est dans la possession du possesseur, dans le silence du propriétaire que se trouve le véritable principe de la prescription. Cette critique serait fondée, si le Code disait d'une manière absolue : la prescription est un moyen d'acquérir ou de se libérer par un certain laps de temps, mais il ajoute aussitôt : « et sous les conditions déterminées par la loi. » Or, dans ces conditions est comprise la possession. Si donc l'on ne scinde pas cette définition, on lui trouvera le mérite de la brièveté, sans avoir le défaut de l'inexactitude.

Nous dirons que la prescription acquisitive est l'acquisition de la propriété d'une chose par la possession légale qui a duré le temps voulu ; et la prescription libératoire, l'extinction d'une obligation par l'inaction du propriétaire.

La prescription, qu'elle soit acquisitive, qu'elle soit opératoire, n'opère pas ses effets de plein droit, elle doit être invoquée par la partie, les juges ne peuvent la suppléer d'office. C'est à la partie qui a droit de l'invoquer à consulter sa conscience, pour décider si elle doit ou non y recourir ; car la prescription pouvant s'éteindre à l'insu du juge, les tribunaux eussent été exposés à l'appliquer à contre-temps. Il en est différemment en matière criminelle, correctionnelle ou de simple police ; les raisons ne sont plus les mêmes, aussi le juge a-t-il le droit et le devoir d'opposer d'office la prescription à l'action du ministère public intentée après le délai fixé, parce qu'il est de l'intérêt de la société qu'un délit ancien, peut-être ignoré, soit oublié.

Passons aux articles 2220, 2221, qui traitent de la renonciation à la prescription.

Il faut distinguer à ce sujet deux hypothèses : 1° on ne peut pas renoncer à une prescription non acquise. Ce principe était déjà reconnu dans l'ancien droit, et on en donnait plusieurs raisons décisives. En premier lieu, la prescription tient à l'utilité générale ; or, on ne peut pas déroger, par des conventions particulières, aux lois qui intéressent l'ordre public. La prescription, de plus, est une peine établie en haine de celui qui a négligé ses droits ; il ne faut pas, par conséquent, autoriser des pactes qui favoriseraient l'oubli des devoirs imposés à un bon père de famille. On peut ajouter que si, dans ce cas, la renonciation à la prescription avait été permise, elle fût devenue de style, ce qui eût rendu le moyen de la prescription illusoire.

2° Mais peut-on renoncer à une prescription acquise? Rien ne s'y oppose ; l'intérêt public s'efface ici pour faire place à l'intérêt privé, qui seul est en jeu ; on doit donc appliquer la règle du droit romain : *Quum sit juris antiqui omnes licentiam habere his quæ pro se introducta sunt renuntiare.*

Il est facile, d'après ces principes, de décider la question de savoir si l'on peut renoncer à une prescription commencée. Nous dirons que la renonciation est nulle pour l'avenir, puisqu'on ne peut pas renoncer à une prescription non acquise, mais qu'elle est valable pour le passé, car c'est là une interruption de prescription qui annulle la prescription déjà acquise, sans empêcher de prescrire pour l'avenir.

On reconnaît deux espèces de renonciations : la renonciation expresse et la renonciation tacite. La renonciation expresse résulte d'une déclaration formelle ; la renonciation tacite d'un fait qui suppose l'abandon du droit acquis.

Toute personne n'est pas capable de renoncer, parce que renoncer, c'est abandonner le droit d'être libéré ou celui de pouvoir garder la chose ; aussi la loi exige la capacité d'aliéner. Les mineurs, les interdits, les femmes mariées non dûment autorisées, sont donc incapables de renoncer à la prescription.

Un tuteur muni de l'autorisation nécessaire pour aliéner peut-il renoncer à une prescription ? Les auteurs sont divisés sur ce point : nous croyons devoir nous décider pour l'affirmative. En effet, que demande la loi? que celui qui veut renoncer ait la capacité d'aliéner, rien de plus : il n'y a pas alors de motif pour refuser ce droit au tuteur qui remplit les conditions voulues.

La prescription étant une exception péremptoire, il s'ensuit qu'elle peut être opposée en tout état de cause; décision reproduite du droit romain et de notre ancienne jurisprudence. Mais quelle est l'étendue de cette disposition? Il est certain d'abord que la prescription peut être invoquée tant que l'affaire n'est pas en état, c'est-à-dire pour celles qui se jugent sur plaidoiries, tant que les conclusions ne sont pas contradictoirement prises. Une fois l'affaire en état, elle peut être encore invoquée jusqu'au moment où le président a déclaré que l'affaire est entendue, parce qu'à cet instant toute défense est terminée, toute discussion cesse.

Quand il s'agit d'une affaire s'instruisant par écrit, la prescription ne peut plus être opposée dès que l'affaire est en état, ce qui a lieu lorsque l'instruction est achevée et que les délais pour les productions et réponses sont expirés.

La prescription qui n'a pas été invoquée en première instance peut l'être en appel, car l'art. 464 du Code de procédure permet de présenter en appel, quoiqu'ils n'aient pas été débattus devant les premiers juges, tous les moyens servant de défense à l'action principale.

Que décider au cas de recours en cassation ? La prescription ne peut pas être opposée devant la Cour suprême, parce que cette Cour n'examine qu'une chose : si la loi a ou non été violée;

elle prend le procès dans l'état où les parties l'ont mis, et ne peut y ajouter aucun des moyens qu'il est défendu aux juges de suppléer.

La faculté d'opposer la prescription en tout état de cause suppose nécessairement qu'on n'y a renoncé ni expressément, ni tacitement. Il appartient au juge de voir en fait si on doit induire la renonciation des moyens déjà présentés.

La prescription n'est pas un droit attaché uniquement à la personne du défendeur : il est accordé encore à ses créanciers et plus généralement à tous ceux qui y ont intérêt.

Les créanciers du possesseur ou débiteur peuvent s'en prévaloir, s'il ne le fait pas lui-même, soit parce qu'il est absent, soit que ce moyen répugne à sa conscience ; ils peuvent s'en prévaloir en vertu de l'art. 1166 qui leur donne la faculté d'exercer toutes les actions de leur débiteur. En dehors des créanciers, on peut citer, parmi les personnes intéressées, les cautions, le codébiteur solidaire, ceux auxquels le possesseur a consenti des droits réels sur l'immeuble qu'il était en droit d'acquérir.

Quelles choses sont susceptibles d'être acquises par prescription ? Les choses seules dont on peut acquérir la propriété, les choses seules qui sont dans le commerce.

On distingue plusieurs classes de choses imprescriptibles : les unes sont imprescriptibles par elles-mêmes ; d'autres ne le sont qu'à raison de leur destination ; d'autres enfin qu'à raison des personnes qui les possèdent.

Les choses imprescriptibles par elles-mêmes sont celles qui échappent à toute idée de propriété privée : l'air, la mer, etc.

Sont imprescriptibles à raison de leur destination les choses qui ont été retirées du commerce et affectées à un usage public, ainsi chemins, ports, hâvres. Si le but d'utilité publique attaché à ces choses leur est enlevé, par là même elles deviennent prescriptibles.

Enfin des choses imprescriptibles à raison des personnes qui les possèdent sont celles qui appartiennent à des personnes contre lesquelles la prescription ne court pas ; tels sont les biens des mineurs, des interdits, pendant la minorité et l'interdiction ; car une fois ces personnes en possession de l'intégrité de leurs droits, la prescription reprend son cours.

Un mot maintenant pour ce qui concerne l'État, les communes et les établissements publics. L'art. 2227 déclare que leurs biens sont prescriptibles de la même manière que ceux des particuliers. C'est là une abrogation de la législation ancienne suivant laquelle les biens de la couronne étaient inaliénables et imprescriptibles. A la révolution, une loi du 22 novembre 1790 les déclara aliénables, ce qui les rendit prescriptibles, mais par quarante ans seulement. Le Code opéra une grande innovation en soumettant ces biens aux mêmes prescriptions que ceux des particuliers. Ce qui vient d'être dit ne doit s'entendre que des biens composant le domaine privé de l'État ; ceux qui forment le domaine public étant, par leur destinaion, hors du commerce, sont par suite imprescriptibles.

Les communes et établissements publics avaient aussi autrefois leurs priviléges ; leurs biens ne se prescrivaient que par quarante ans, comme ceux de l'État ; mais la législation nouvelle leur a imposé les mêmes règles qu'aux biens des particuliers.

Passons à l'étude de la prescription acquisitive, qui est basée sur deux faits : 1° une possession ayant les caractères déterminés par la loi ; 2° continuée pendant le temps voulu.

CHAPITRE II.

DE LA POSSESSION.

Labéon nous donne l'étymologie du mot possession en ces

termes : *Possessio appellata est a sedibus, quasi positio, quia naturaliter tenetur ab eo qui ei insistit.* De là les choses corporelles paraissent seules pouvoir être possédées ; mais, en droit romain, on avait admis pour les droits une quasi-possession résultant de leur exercice, et produisant les mêmes effets que la possession proprement dite. C'est pourquoi le Code définit la possession : la détention ou la jouissance d'une chose ou d'un droit que nous tenons ou que nous exerçons par nous-même ou par un autre qui la tient ou l'exerce en notre nom.

Si l'on s'en tenait à la rigueur des principes, il faudrait décider que la chose qu'un tiers détient en notre nom n'est pas possédée par nous ; mais la possession de ce tiers étant précaire quant à nous, la loi nous regarde comme le véritable possesseur, et celui qui détient en notre nom comme étant *in possessione aliena.*

La possession dont nous avons à nous occuper n'est pas celle qui fait partie intégrante du droit de propriété, mais c'est la possession en elle-même qui est un simple fait, tandis que la propriété est un droit. Toutefois, par suite de certains avantages qui y sont attachés, la possession est considérée comme un véritable droit.

Voici maintenant les principaux avantages de la possession :

1° Elle fait présumer la propriété ; le possesseur est réputé propriétaire tant que le contraire n'est pas établi ; aussi entre le possesseur d'un fonds et celui qui s'en prétend propriétaire, c'est à ce dernier à prouver son droit ;

2° Elle procure au possesseur les actions possessoires, c'est-à-dire le droit de faire cesser les troubles ou usurpations dont il est victime, sans être obligé de prouver sa propriété ;

3° Elle fait acquérir la propriété par sa continuation pendant un certain temps ;

4° Elle donne instantanément la propriété des choses *nullius* ;

5° Celui qui possède de bonne foi la chose d'autrui fait les fruits siens.

Comment s'acquiert, comment se conserve la possession?

En droit romain, pour acquérir la possession d'une chose, il y avait deux conditions nécessaires : 1° appréhension de la chose ; 2° volonté de la posséder. Pour appréhender la chose , il n'était pas indispensable de la saisir par le toucher ; il fallait toutefois un fait corporel qui remplaçât le toucher.

Dans notre droit civil, toutes les formes symboliques ont disparu ; il suffit que celui qui veut acquérir une chose soit, par un fait quelconque, en position de s'en servir ; ainsi on possède un immeuble par cela seul qu'on possède les titres de propriété ; la volonté de posséder est évidemment une condition essentielle.

Quant à la conservation de la possession, elle a lieu *solo animo*, par la seule intention, indépendamment de tout fait extérieur. La loi n'exige pas que cette intention se manifeste à chaque instant, elle subsiste à ses yeux tant qu'une volonté contraire ne vient pas la détruire ou la remplacer. Remarquons cependant que la possession intentionnelle n'a pas les mêmes avantages que la possession corporelle résultant d'actes de jouissance. Ainsi cette possession, qui n'est qu'intentionnelle, ne peut pas conduire à la prescription, parce qu'elle n'est pas continue ; la continuité consistant dans une série d'actes de jouissances assez rapprochés pour que l'opinion publique en soit frappée.

Maintenant, comment se perd la possession ?

La possession se perd par l'abandon volontaire du possesseur, ou par le fait d'un tiers, quand ce tiers possède la chose, en jouit et en retire les produits.

Arrivons aux différents caractères que doit avoir la possession pour fonder la prescription. L'art. 2229 les énumère ainsi : pour pouvoir prescrire, il faut une possession continue et non interrompue, paisible, publique, non équivoque, et à titre de propriétaire.

Analysons chacune de ces qualités :

1° La possession doit être continue ; elle ne le serait pas, si, une fois acquise, elle était perdue ou abandonnée et reprise de nouveau. Il n'est pas nécessaire, cependant, comme nous l'avons déjà dit, que le possesseur fasse sans cesse des actes de jouissance, s'ils ne sont pas trop éloignés les uns des autres.

2° Non interrompue ; la non interruption de la possession se lie à sa continuité ; mais elle en diffère en ce que l'interruption s'entend plus spécialement d'une discontinuïté provenant du fait d'autrui ou de la reconnaissance du possesseur. Nous nous en occuperons plus en détail, en traitant de l'interruption de la prescription.

3° Paisible, c'est-à-dire exempte de violence, de contrainte. Celui qui ne se met en possession ou ne s'y maintient que par violence ne prescrit pas. En droit romain, ce vice n'était purgé que par le retour de la chose entre les mains du propriétaire dépouillé ; aujourd'hui la possession est utile dès que la violence a cessé. Ce vice est relatif, il ne peut être invoqué que par celui qui a été violenté.

4° Publique ; si la possession n'était pas publique, les intéressés qui doivent la connaître ne seraient pas en faute de l'avoir tolérée. Mais qu'est-ce que la clandestinité ? Ulpien la définit ainsi : *clam possidere eum dicimus, qui furtive ingressus est, ignorante eo, quem sibi controversiam facturum suspicabatur, et ne faceret timebat.* Le vice de la clandestinité est, comme le précédent, purement relatif ; ceux qui ont connu la possession ne sont pas en droit de s'en prévaloir. Ce n'est pas à dire que la clandestinité ne pourra jamais être opposée par tout le monde, mais pour cela il faudra que la possession soit restée cachée à tout le monde. La possession d'ailleurs est publique, non-seulement lorsqu'on l'a vue, mais qu'on aurait pu facilement la voir.

5° **A** titre de propriétaire. Il faut pour prescrire posséder *animo domini*, et ceux qui détiennent la chose non comme étant à eux mais comme appartenant à autrui, sont appelés détenteurs précaires. Du reste, possède à titre de propriétaire non-seulement celui qui l'est réellement ou croit l'être, mais encore celui qui, sachant qu'il ne l'est pas, entend posséder et possède comme s'il l'était.

La précarité n'est pas comme la violence et la clandestinité un vice relatif, il est absolu, et peut être opposé par tous. En droit romain, nous l'avons vu, il n'en n'était pas ainsi. On disait : *nec vim, nec clam, nec precario ob adversario ;* le mot précaire a été détourné de son sens primitif. Dans le doute sur le point de savoir si le détenteur a bien possédé *animo domini*, le juge doit se guider d'après les présomptions suivantes posées par la loi. Le détenteur est toujours présumé posséder pour lui. Cette présomption est bien naturelle, elle est fondée sur le désir qu'a l'homme d'améliorer sans cesse ses moyens d'existence, et sur cette idée qu'il est censé propriétaire de la matière sur laquelle il exerce ses facultés. Mais ce n'est là qu'une présomption qui tombe devant la preuve contraire ou devant une autre plus forte. Quant à la preuve, elle peut se faire par témoins, si la valeur de la chose est inférieure à 150 fr.; dans le cas contraire, il faut un titre ou un commencement de preuve par écrit qui puisse servir de fondement à la preuve testimoniale.

La loi dit aussi que quand on a commencé à posséder pour autrui, on est toujours présumé posséder au même titre, s'il n'y a preuve contraire. Elle ajoute enfin que celui qui prouve avoir anciennement possédé, est présumé avoir possédé dans les temps intermédiaires, sauf toujours la preuve contraire.

Passons à l'article 2232 ainsi conçu : les actes de pure faculté et ceux de simple tolérance ne peuvent fonder ni possession ni prescription.

On entend par jouissance de pure faculté celle que nous exerçons, non en vertu d'un droit à nous propre, mais en vertu de la destination de la chose qui appartient à tous ou à plusieurs, et comme membres de l'universalité qui en est maîtresse. Tels sont la prise d'eau à une fontaine publique, le pâturage de mes bestiaux sur les terres communales.

On appelle jouissance de simple tolérance celle qu'un propriétaire, à raison du peu de préjudice qu'elle lui cause, supporte par amitié, par bon procédé entre voisins, et qu'il peut toujours faire cesser à son gré. Ces actes, nous dit notre article, ne peuvent fonder ni possession ni prescription, et en effet que pourrait-on prescrire par les actes de pure faculté, je suppose? le droit de nous servir de la chose? Mais nous l'avons et l'exerçons. Le droit d'autrui? Mais il est imprescriptible. Les actes de simple tolérance ne peuvent pas de leur côté fonder la prescription, parce qu'ils ne supposent pas *l'animum domini*; mais si le propriétaire s'étant opposé à l'exercice de la possession, le voisin avait continué à la pratiquer malgré lui, il y aurait dès lors possession *animo domini* et acheminement à la prescription.

L'article 2235 consacre une théorie importante et déjà reconnue à Rome, c'est que, lorsque la chose change de mains, les possessions qu'en ont eu les précédents maîtres se lient aux suivantes, et il dit : pour compléter la prescription, on peut joindre à sa possession celle de son auteur, de quelque manière qu'on lui ait succédé, soit à titre universel ou particulier, soit à titre lucratif ou onéreux. Cet article est mal rédigé, car il semble mettre sur la même ligne les successeurs universels et les successeurs particuliers, quoiqu'il y ait entre eux une différence fondamentale qu'il importe de signaler. Le successeur particulier ne représentant pas la personne de son auteur, peut à son choix joindre la possession de cet auteur à la sienne propre, ou bien s'en tenir à cette dernière : il y a là deux possessions distinctes. Pour les successeurs universels, au contraire, nous rencontrons identité juridique de personne, par suite une seule possession, celle de leur auteur qu'ils continuent et prennent avec les mêmes qualités et conditions. Il ne nous reste plus qu'à tirer les conséquences de cette doctrine qui est incontestable. Il découle de là que : 1° si l'auteur ne détenait que précairement, le successeur universel ne pourra jamais prescrire, tandis que le successeur particulier le pourra; 2° si l'auteur était de mauvaise foi, la prescription trentenaire pourrait seule être invoquée par le successeur universel même de bonne foi; le successeur particulier de bonne foi pourra prescrire par dix ou vingt ans; 3° si l'auteur était de bonne foi et le successeur universel de mauvaise foi, il pourrait néanmoins prescrire par dix ou vingt ans, tandis que le successeur particulier de mauvaise foi ne pourra dans ce cas prescrire que par trente ans.

CHAPITRE III.

DES CAUSES QUI EMPÊCHENT LA PRESCRIPTION.

Ce chapitre traite d'un empêchement à la prescription dont nous avons dit quelques mots, la précarité. Nous avons vu que le fermier, l'usufruitier, l'usager, sont des détenteurs précaires, qu'ils ne peuvent prescrire par quelque laps de temps que ce soit, à moins que leur titre n'ait été changé, interverti, soit par une cause provenant d'un tiers, soit par la contradiction qu'ils auraient opposée au droit du propriétaire.

L'impossibilité où est le détenteur précaire de prescrire, dure non seulement jusqu'au moment où cesse la qualité en

vertu de laquelle il possédait, mais tant qu'il n'y a pas interversion de la possession.

L'art. 2237 ajoute que les héritiers des détenteurs précaires
ne peuvent pas plus prescrire que leur auteur. De là cette
maxime vulgaire : *melius est non habere titulum, quam vitiosum
ostendere.* Il en est de même des légataires universels, et de tous
les possesseurs de biens à titre universel. Les détenteurs précaires peuvent prescrire, lorsque leur titre a été interverti, soit
par une cause venant d'un tiers, soit pour la contradiction au
droit du propriétaire.

Il y a interversion fondée sur une cause venant d'un tiers
quand le détenteur précaire fait des actes de propriétaire, en
vertu d'un titre nouveau translatif de propriété, et qu'il tient
de ce tiers.

L'interversion par la contradiction que le possesseur oppose
au propriétaire, a lieu quand le détenteur précaire résiste ju-
diciairement ou extrajudiciairement à l'exercice du droit de
celui pour lequel il possédait.

Une règle célèbre dans notre droit, c'est qu'on ne peut pas
prescrire contre son titre. Cette règle doit être entendue dans
son véritable sens, car elle en a été souvent détournée ; elle
signifie seulement qu'on ne peut pas se changer à soi-même
la cause et le principe de sa possession, c'est-à-dire transformer
une possession à titre précaire en possession à titre de propriétaire, qu'on est obligé d'obtenir d'un tiers un titre nouveau.
Il ne s'agit ici que de la prescription acquisitive, et l'on peut
prescrire contre son titre pour la prescription libératoire ; donc
les détenteurs précaires peuvent prescrire les obligations personnelles que ce titre fait naître contre eux. La défense de
prescrire contre son titre n'enlève pas le droit de prescrire au-
delà de son titre.

CHAPITRE IV.

DES CAUSES QUI INTERROMPENT OU QUI SUSPENDENT LE COURS DE LA PRESCRIPTION.

Le Code réunit dans un même chapitre l'interruption et la suspension, il ne les confond cependant pas, puisqu'il leur assigne à chacun une section spéciale. Elles diffèrent en effet essentiellement.

L'interruption rend inutile la prescription qui était en voie de s'accomplir au moment de l'acte interruptif, il commence alors une nouvelle prescription pour laquelle le temps antérieur ne compte pas. La suspension, au contraire, empêche la prescription de courir pendant un certain temps, mais elle ne met pas à néant la partie de cette prescription précédemment acquise. De là cette conséquence, que, dans le cas d'interruption, la prescription nouvelle peut être plus courte ou plus longue que la première.

L'interruption est naturelle ou civile.

L'interruption naturelle résulte d'une cause physique. Elle a lieu : 1° lorsqu'un possesseur est privé par un tiers de la jouissance de la chose pendant plus d'un an ; 2° lorsque le possesseur abandonne volontairement la possession. Si le précédent possesseur était réintégré dans l'année, sa possession serait réputée n'avoir jamais cessé. Il est également à remarquer que la privation de jouissance doit être causée par un possesseur ; le simple non usage de la chose ne suffirait pas, parce que la possession peut se conserver *solo animo*.

L'interruption naturelle ne s'applique qu'à la prescription acquisitive, elle ne saurait se présenter dans la prescription libératoire, puisqu'il n'y a pas là de possession matérielle.

L'interruption civile résulte : 1° d'une demande en justice ; 2° d'un commandement ; 3° d'une saisie ; 4° d'une citation en conciliation suivie dans le mois de l'assignation ; 5° de la reconnaissance par le possesseur ou débiteur du droit du propriétaire ou créancier.

1° D'une citation en justice. Cette demande interrompt la prescription non pas seulement pour le temps antérieur, mais tant que dure l'instance. La prescription est interrompue même par une citation devant un juge incompétent *ratione personæ* ou *ratione materiæ*. Elle est déclarée nulle : 1° si le demandeur se désiste. Le désistement peut porter sur le droit lui-même, ou seulement sur la procédure ; s'il ne porte que sur la procédure, le droit pourra s'exercer plus tard ; 2° s'il y a péremption d'instance, c'est-à-dire discontinuation de poursuites pendant trois ans ou trois ans et demi. La prescription recommence à courir dès que la péremption est prononcée ; 3° l'interruption est encore nulle quand la demande est rejetée définitivement. Il y a entre les parties autorité de la chose jugée que le demandeur était sans droit en ce qui concerne l'objet du procès ; la demande ne peut plus être renouvelée ; 4° la citation en justice nulle pour vice de forme ne laisse pas subsister l'interruption, parce que, nous dit l'exposé des motifs, il n'y a pas alors rigoureusement citation. Nous signalerons ici une inconséquence de la loi : elle reconnaît à la demande en justice l'effet d'interrompre la prescription lorsque la nullité résulte de l'incompétence même *ratione materiæ*, et elle refuse cet effet à la citation nulle pour défaut de formes.

2° La seconde cause d'interruption civile est le commandement qui ne peut être fait qu'en vertu d'un titre exécutoire. Il a cet avantage sur la demande en justice, que celle-ci étant un acte de procédure est sujette à péremption, tandis que le commandement étant un acte extrajudiciaire n'y est pas soumis.

Sous un autre rapport la citation en justice est préférable, en ce qu'elle maintient l'interruption tant que dure l'instance, et que, dans le cas de commandement, la prescription antérieure est seule anéantie; mais une prescription nouvelle recommence aussitôt après cet acte.

3° La troisième cause d'interruption civile est la saisie. On a dit quelquefois, mais à tort, que ce mode d'interruption était inutile en présence du commandement. C'est à tort, disons-nous, parce que toutes les saisies n'ont pas besoin d'être précédées d'un commandement : ainsi la saisie-arrêt, et, de plus, l'effet de la saisie est plus général, il s'étend sur le passé et l'avenir.

4° Citation en conciliation. La citation en conciliation est interruptive de prescription, parce qu'elle est un préliminaire nécessaire à l'assignation en justice; cet effet n'est produit qu'autant que la citation en conciliation est suivie d'une demande en justice, dans le mois à compter du jour de la comparution volontaire des parties devant le juge de paix, ou de la non comparution et non conciliation.

5° La dernière cause d'interruption civile est la reconnaissance du droit du propriétaire ou créancier par le possesseur ou débiteur. Cette reconnaissance peut être expresse ou tacite, écrite ou verbale.

La règle générale est que l'interpellation civile ne produit d'effet que pour ou contre les personnes entre lesquelles l'acte s'est passé; c'est l'application de cet adage : *res inter alios acta aliis non nocet nec prodest.* Il y a toutefois dérogation dans certains cas, et, entre autres, dans ceux de solidarité, indivisibilité et cautionnement. Ainsi l'interruption civile accomplie contre l'un des débiteurs solidaires est accomplie contre les autres, par suite du mandat réciproque que les codébiteurs solidaires sont censés s'être donné. Au cas d'une dette indivisible, la prescription interrompue contre l'un des héritiers du débiteur l'est aussi contre les autres, chacun étant débiteur de la totalité de la dette. La circonstance que la dette indivisible est hypothécaire ne change pas l'effet relatif de la prescription. En effet, des deux actions, l'une personnelle et l'autre hypothécaire qu'a le créancier garanti par une hypothèque, la première ne peut être exercée contre chacun des héritiers du débiteur que pour sa part et portion; la deuxième, l'action hypothécaire, peut l'être pour le tout contre celui qui a dans son lot l'immeuble hypothéqué ; mais comme l'action hypothécaire n'est que l'accessoire de l'action personnelle, elle subit les restrictions et diminutions que subit cette dernière.

L'interruption qui s'accomplit contre le débiteur principal s'accomplit aussi contre la caution, parce que celle-ci est censée s'être engagée à rester obligée tant que le débiteur le sera. S'il s'agissait d'une prescription actuellement acquise, la reconnaissance du débiteur principal ou d'un des débiteurs d'une dette solidaire constituerait une véritable renonciation et ne serait opposable ni à la caution ni aux autres codébiteurs.

DES CAUSES QUI SUSPENDENT LE COURS DE LA PRESCRIPTION.

La prescription étant d'intérêt public doit, pour atteindre le but que s'est proposé le législateur, être généralisée autant que possible, de là l'art. 2251 : la prescription court contre toutes personnes, à moins qu'elles ne soient dans quelque exception établie par la loi.

Ces exceptions sont fondées les unes sur la qualité personnelle du propriétaire ou créancier, les autres sur les rapports existant entre ce propriétaire ou créancier et le possesseur ou débiteur; les dernières, enfin, sur la modalité de la créance. Parcourons d'abord les premières.

La prescription est suspendue au profit :

1º Des interdits et des mineurs, qu'ils soient émancipés ou non. La loi n'a pas voulu les rendre victimes de la négligence de leurs tuteurs, eux qui sont incapables de surveiller sa gestion et de provoquer sa destitution. Cette exception ne s'entend que des longues prescriptions, c'est-à-dire de celles qui excèdent cinq ans.

2° Les femmes mariées, mais dans quatre cas seulement. Le principe est donc que la prescription court contre les femmes sous quelque régime qu'elles soient mariées, et même pour les biens administrés par le mari. Voyons les cas de suspension :

1° La prescription ne court pas contre la femme en ce qui touche les immeubles dotaux inaliénables. Ces immeubles ne restent pas toujours imprescriptibles pendant toute la durée du mariage, car, quoique restant inaliénables, ils deviennent prescriptibles si la femme fait prononcer la séparation de biens. La prescription continuera également si l'immeuble était en voie de se prescrire, quand il est devenu dotal.

2° La prescription est encore suspendue au cas d'action qu'une femme commune ne peut exercer qu'après une option entre l'acceptation ou la répudiation de la communauté, et cette suspension dure autant que la communauté. Le motif est que la femme serait obligée d'exercer constamment un contrôle sur l'administration de son mari, pour se mettre à même de faire les actes interruptifs devenus nécessaires; or ce contrôle est incompatible avec l'union et l'harmonie du ménage.

3° Le troisième cas de suspension de la prescription au profit de la femme, est celui de toute action qui serait de nature à réfléchir contre le mari. Si ces actions étaient prescriptibles pendant le mariage, il arriverait que la femme, craignant de déplaire à son mari en les faisant valoir, préférerait voir ses intérêts sacrifiés, ou bien elle les exercerait, et alors ce serait une cause de discorde entre les époux.

4° Enfin la prescription ne court point contre la femme pendant toute la durée du mariage, pour ses actions en rescision

des contrats qu'elle aurait consentis sans l'autorisation de son
mari ou de justice. Ces actions ne deviennent prescriptibles
qu'à partir de la dissolution du mariage ; la loi a pensé que la
femme aimerait mieux éprouver un préjudice que de divulguer
cet acte de révolte contre la puissance maritale.

Une seconde classe de suspensions, avons nous dit, est fondée
sur les rapports existants entre le débiteur et le créancier, le
possesseur et le propriétaire.

C'est ainsi que la prescription ne court pas :

1° Entre époux. L'exposé des motifs justifie ainsi cette décision : « Il serait contraire à la nature de la société du mariage
que les droits de chacun ne fussent pas, l'un à l'égard de l'autre,
respectés et conservés. » Cette exception dure tant que la qualité
d'époux subsiste, qu'il y ait ou non séparation de biens ou de
corps.

2° Entre une succession et l'héritier qui l'a acceptée bénéfi-
ciairement, la prescription ne peut pas courir contre l'héritier
parce que, représentant de la succession, il l'administre, la
défend , et que, chargé par conséquent d'interrompre toute
prescription, il ne peut s'actionner lui-même, jouer en même
temps le rôle de demandeur et celui de défendeur. La prescription n'en court pas moins contre son cohéritier pour la portion
de la succession qui lui est échue, elle court aussi au profit des
successions vacantes et contre elles, même pendant les trois
mois et quarante jours.

La troisième classe de suspensions de la prescription est
fondée sur la modalité de la créance. La prescription est suspendue en premier lieu pour les créances conditionnelles ou à
terme, tant que la condition ou le terme n'est pas arrivé. La
condition dont il est parlé est bien entendu suspensive, car la
condition résolutoire porte non sur l'obligation elle-même, mais
sur la résolution de cette obligation. En droit romain, la pres-

cription était arrêtée par le terme ou la condition aussi bien pour les droits réels que pour les créances. Dans notre ancienne jurisprudence, on vit les inconvénients de cette doctrine au point de vue de la tranquillité des acquéreurs, de la sécurité des possesseurs ; aussi on continua à admettre la suspension pour les droits personnels, mais on la rejeta pour les droits réels. Le Code a, lui aussi, restreint aux seules créances la suspension de la prescription à raison du terme ou de la condition. Le motif de cette distinction entre les droits réels et les créances est facile à saisir : quand il s'agit d'un droit réel, l'art. 1180 donne le droit de faire, *pendente conditione*, tous les actes conservatoires, et conséquemment le droit d'intenter l'action d'interruption, le propriétaire est donc en faute de n'avoir pas obtenu du possesseur une reconnaissance volontaire ou judiciaire.

Mais il n'en est plus de même dans le cas d'une créance. La présomption attachée d'ordinaire par la loi à l'inaction pendant trente ans, ne peut pas recevoir d'application, puisque le créancier ne peut pas demander, *pendente conditione*, payement à son débiteur.

Si au lieu d'un droit conditionnel, il n'y avait qu'une simple espérance, il ne pouvait jamais être question de prescription, la prescription n'existant que là où il y a un droit.

CHAPITRE V.

DU TEMPS REQUIS POUR PRESCRIRE.

La loi, afin de prévenir les nombreux procès qu'aurait fait naître la question de savoir à quel moment du jour on a accompli tel acte ou commencé telle prescription, pose cette règle générale que la prescription se compte par jour et non par heures, *de die ad diem* et non *de momento ad momentum*. On ne compte ni le *dies ad quo* ni le *dies ad quem ;* on ne s'attache pas non plus à l'inégalité des mois; enfin on suit pour le calcul le calendrier Grégorien sans distinguer entre les jours fériés et non fériés.

Prescription trentenaire.

Toutes les actions réelles, personnelles et mixtes, sauf les exceptions prévues par la loi, et sous les conditions déterminées, sont prescrites par trente ans, sans que celui qui allègue cette prescription soit obligé de rapporter un titre, ou qu'on puisse lui opposer l'exception tirée de la mauvaise foi.

Il y a cette différence entre les actions réelles et les actions personnelles que, si dans ces dernières, l'inaction pendant trente ans de celui auquel elles appartiennent suffit pour la prescription, quand il s'agit de la revendication d'un immeuble, il faut, outre la condition de temps, que le défendeur ait une possession revêtue des caractères exigés.

La loi traite ici d'une hypothèse particulière qui demandait des règles spéciales, je veux parler de la rente.

Deux choses sont à considérer dans une rente : la rente elle-même, c'est-à-dire le droit d'exiger des arrérages, et les produits de la rente, c'est-à-dire les arrérages. Les arrérages se prescrivent par cinq ans à compter de leur échéance, la rente, au contraire, ne se prescrit que par trente années. Mais après ces trente ans, un débiteur de mauvaise foi qui aurait payé régulièrement les arrérages, pourrait tenir au créancier cet impudent langage : Vous êtes resté inactif pendant trente ans, la rente est prescrite. Le créancier n'aurait aucun moyen de triompher de cette injuste prétention, ne pouvant prouver qu'il a reçu les arrérages jusqu'à ce jour, puisque les quittances ne sont pas entre ses mains. C'est pourquoi la loi autorise le créancier à exiger après vingt-huit ans un nouveau titre de son débiteur, et en cas de refus de l'assigner en reconnaissance de celui qu'il possède ; le jugement qu'il obtiendra servira de titre nouveau. La règle est la même pour les rentes, soit perpétuelles, soit viagères.

Prescription par dix et vingt ans.

Il ne pouvait pas y avoir égalité de position entre celui qui sciemment acquiert la possession de la chose d'autrui, et celui qui a de justes raisons pour croire à l'acquisition de la propriété avec la possession. Aussi, nous dit l'art. 2265 : celui qui acquiert de bonne foi et par juste titre un immeuble, en prescrit la propriété par dix ans, si le véritable propriétaire habite dans le ressort de la Cour ; par vingt ans, s'il est domicilié hors dudit ressort.

Pour qu'un immeuble soit acquis par dix ou vingt ans, trois conditions sont donc exigées : 1° juste titre ; 2° bonne foi ; 3° possession de dix ou vingt ans.

1° Juste titre. Le juste titre est celui qui est valable et de sa nature translatif de propriété ; la vente, échange, donation, sont de justes titres. Pour fonder cette prescription de dix ou vingt ans, il doit être réel et non putatif, car le titre putatif, c'est-à-dire celui qu'une personne n'a pas, mais qu'elle croit avoir, n'est véritablement pas un titre. Le titre doit être aussi actuel, c'est-à-dire non conditionnel.

Le Code distingue plusieurs sortes de nullités ; l'art. 2267 ne parle que des nullités de forme, et décide que le titre nul pour défaut de forme ne peut être invoqué pour la prescription.

Quant aux nullités de fond, on doit, dans le silence de la loi, se référer à l'ancienne jurisprudence et distinguer, avec Bartole et D'Argentré, les nullités absolues et les nullités relatives. Les nullités absolues sont d'ordre public, elles peuvent donc être opposées par le propriétaire. Mais si la nullité n'est pas d'ordre public, si elle n'a été prononcée que dans un intérêt purement privé, le titre n'est nul qu'à l'égard des personnes qui ont droit d'en demander la nullité, il subsiste à l'égard du propriétaire, à moins que les circonstances soient telles que ce propriétaire puisse exercer, en vertu de l'art. 1166, les droits de l'auteur de l'acte.

2° Une deuxième condition exigée pour prescrire par dix ou vingt ans est la bonne foi. La bonne foi est la croyance ferme et intacte qu'on est propriétaire ; elle consiste : 1° à croire l'aliénateur propriétaire de l'immeuble ; 2° à le croire capable d'aliéner ; 3° à regarder le titre de transmission comme exempt de tout vice même relatif.

La bonne foi d'ailleurs se présume toujours, c'est à celui qui allègue la mauvaise foi d'en faire la preuve. Demandons-nous maintenant à quel moment la bonne foi est exigée. Le droit romain ne la demandait qu'au moment de l'acquisition ; sous le droit canonique, au contraire, la bonne foi devait continuer pendant tout le temps requis pour prescrire. Les rédacteurs du Code Nap. ont adopté le système du droit romain.

3° La troisième condition nécessaire pour prescrire, quand il y a juste titre et bonne foi est, comme nous l'avons vu, la possession pendant dix ou vingt ans. Le délai est de dix ans, si le vrai propriétaire habite dans le ressort de la Cour d'appel où l'immeuble est situé, de vingt ans s'il habite dans un autre ressort. C'est là ce qu'il faut entendre par ces mots : *dix ans entre présents, vingt ans entre absents.*

Il peut arriver que le propriétaire ait habité successivement dans le ressort et hors du ressort de la situation de l'immeuble. La loi a prévu ce cas, et elle décide qu'il faut ajouter aux années de présence (et non *à ce qui manque aux dix ans de présence*), un nombre d'années double de ce qui manque pour compléter les dix ans.

C'est une question controversée que celle de savoir s'il faut prendre pour base du calcul le domicile ou la résidence du propriétaire. Nous pensons pour notre part que c'est à sa résidence qu'il faut s'attacher: C'était l'opinion de Pothier auquel les rédacteurs ont emprunté une grande partie des dispositions du Code, et rien ne prouve qu'ils aient voulu y déroger; de plus, il semble qu'au lieu de sa résidence, le propriétaire est mieux à même de recevoir les renseignements qui lui sont nécessaires.

Quels sont les biens qu'on peut acquérir par cette prescription de dix ou vingt ans? L'art. 2265 nous répond que cette prescription n'est admise que pour les immeubles ; sous ce nom il faut comprendre l'usufruit, les droits d'usage et d'habitation. Que décider quant aux servitudes? Il y a sur ce point division parmi les auteurs. Nous croyons, en présence des articles 690, 691, devoir nous arrêter à cette idée, que les servitudes non apparentes ou discontinues ne s'acquièrent pas par prescription, et que les servitudes apparentes (c'est là que naît le doute), ne sont susceptibles que de la prescription de trente ans.

Quelques mots maintenant sur la prescription de l'hypothèque. On distingue deux hypothèses.

1° L'immeuble est entre les mains du débiteur. L'hypothèque se prescrit alors par le même laps de temps que le droit principal, que la créance.

2° L'immeuble est possédé par un tiers. Le possesseur peut l'avoir reçu *a domino* ou *a non domino*. S'il l'a reçu *a domino*, il prescrit à l'effet d'acquérir la propriété ; dans le deuxième cas, il prescrit, et dans le but d'acquérir la propriété et dans celui d'acquérir l'affranchissement de l'hypothèque. Le temps exigé pour s'affranchir de l'hypothèque est celui qui est requis pour acquérir la propriété, et par suite dix ou vingt ans s'il y a juste titre et bonne foi. Remarquons du reste que ces deux prescriptions sont indépendantes l'une de l'autre, que l'une peut être suspendue et l'autre courir, l'une s'accomplir par dix ans, l'autre seulement par vingt ans. L'héritage sera donc rendu franc de toutes charges par la prescription de dix ou vingt ans, si le possesseur a fait transcrire l'acte translatif de la propriété de l'immeuble (2180-4°).

Disons en finissant cette section, qu'il existe dans le Code trois prescriptions libératoires de dix ans. La première est écrite dans l'art. 475. Le mineur, après dix ans, à compter de sa majorité, n'a plus droit d'intenter une action contre son tuteur pour les faits de sa tutelle. D'après l'art. 1304, la règle générale est que les actions en rescision des conventions est de dix ans. Enfin, après ce laps de temps, aux termes de l'art. 2270, les architectes et entrepreneurs sont déchargés de la garantie des gros ouvrages qu'ils ont faits ou dirigés.

DE QUELQUES PRESCRIPTIONS PARTICULIÈRES.

Nous allons parcourir rapidement les divers cas de prescription appelées courtes prescriptions par opposition aux longues prescriptions qui sont celles de trente, dix et vingt ans.

Nous rencontrons d'abord la prescription de six mois qui s'applique 1° à l'action des maîtres et instituteurs des sciences et arts, pour les leçons qu'ils donnent au mois ; 2° à celle des hôteliers et traiteurs, à raison du logement et de la nourriture qu'ils fournissent, peu importe que la nourriture soit faite au jour, au mois ou à l'année ; 3° à l'action des ouvriers et gens de travail pour le payement de leurs journées, fournitures et salaires. Il s'est élevé sur ces mots : *gens de travail*, des difficultés dans le détail desquelles nous ne croyons pas devoir entrer ; nous dirons seulement que le juge devra décider plutôt par l'appréciation des circonstances de fait que par les règles mêmes écrites dans le Code.

La prescription d'un an régit, d'après l'art. 2272, 1° les actions des médecins, chirurgiens, apothicaires, pour leurs visites, opérations, médicaments ; 2° celle des huissiers pour le salaire de leurs actes ou commissions. Les gardes du commerce n'étant pas nommés dans notre article sont soumis à la prescription de trente ans ; 3° se prescrit encore par un an l'action des marchands pour les objets qu'ils vendent à des personnes non marchandes, ou qui du moins ne les achètent pas pour en faire commerce. Ainsi il y a lieu à la prescription annale quand l'acte n'est commercial que d'un côté, celui du vendeur ; 4° le quatrième cas d'application de la prescription annale est celui des maîtres de pensions pour le prix de la pension de leurs élèves , des autres maîtres pour le prix de l'apprentissage ; 5° enfin les domestiques qui se louent à l'année n'ont qu'un an pour exercer leur action.

Deux actions se prescrivent pour deux ans :

1° L'action des avoués pour leurs frais et salaires, c'est-à-dire pour tous les déboursés qu'ils font dans le cours de la procédure afin d'en activer la marche, à condition, toutefois, que l'avoué aura cessé d'occuper, soit par suite de révocation, soit par suite de décès ou quelqu'autre motif. Notre article parle des avoués, ses dispositions ne doivent pas être étendues aux avocats, greffiers ou notaires ; 2° l'action en remise des pièces confiées à un huissier pour les faire signifier.

Nous trouvons à la suite une prescription célèbre dans notre droit, la prescription de cinq ans qui frappe les arrérages, les intérêts et tous les revenus se calculant par années, ou à des termes périodiques plus courts. Cette prescription régit les frais faits par les avoués dans les affaires non terminées (nous venons de voir que si l'affaire était terminée, la prescription était de deux ans) ainsi que les actions et remise de pièces à intenter contre les avoués ou les juges par les plaideurs. Le point de départ des cinq ans est la fin du procès.

La prescription quinquennale a encore quelques autres cas d'application très importants.

L'origine de cette prescription de cinq ans remonte à une ordonnance de Louis XII, de 1510, qui portait que les arrérages des rentes constituées seraient prescrits par cinq ans. L'extention de ce principe salutaire rencontra de violentes oppositions, et le Code Napoléon fut le seul qui en réalisa la complète application. Aujourd'hui cette prescription règle toutes les rentes perpétuelles ou viagères; les cinq années se calculent à partir de la demande judiciaire ou de tout autre acte d'interruption de la prescription.

Le second paragraphe de l'art. 2277 est relatif aux pensions alimentaires, le troisième aux loyers de maisons et fermages de biens ruraux.

Viennent ensuite les intérêts des sommes prêtées, puis, ajoute le Code, généralement tout ce qui est payable par années ou à des termes périodiques plus courts. Des difficultés très sérieuses se sont élevées sur l'interprétation à donner de ces derniers mots de notre article. Nous déciderons que la règle doit s'étendre à tous les intérêts quelconques, qu'il y ait ou non jugement de condamnation, ainsi qu'aux salaires et honoraires des professeurs rétribués à l'année, en un mot, tous ceux qui ne sont pas des ouvriers ou des gens de travail.

Toutes les courtes prescriptions dont nous venons de parler courent contre les mineurs et les interdits, sauf recours contre leurs tuteurs.

Les prescriptions de six mois, un an, deux ans ou cinq ans

étant fondées sur la présomption de payement, la continuation des fournitures, travaux ou services, loin d'y mettre obstacle, la fortifient encore. Il y aura autant de prescriptions distinctes que de créances, et elles ne commenceront à courir qu'à l'époque convenue pour le payement.

La base de toutes ces prescriptions est que les créances qui en font l'objet ne sont pas constatées par écrit, aussi ne courent-elles plus quand il y a eu, soit arrêté de comptes (reconnaissance de la dette au bas du mémoire), soit cédule (reconnaissance de la dette par acte sous seing-privé), soit obligation (reconnaissance de la dette par acte authentique). A partir du moment où l'un de ces actes aura eu lieu ou rentrera dans la prescription trentenaire. Ces courtes prescriptions ne seraient également pas admises, si dès l'origine, le contrat avait été constaté par écrit.

Une dernière disposition commune à toutes ces prescriptions, c'est que le créancier peut combattre la présomption de payement sur laquelle elles reposent, en déférant le serment à son débiteur ou à ses représentants. Le débiteur doit dans ce cas affirmer, sous peine d'être condamné, qu'il a payé la dette ; son héritier peut se contenter de jurer qu'il ne sait pas que la chose est due.

DE LA PRESCRIPTION DES MEUBLES.

Pour la prescription acquisitive des biens mobiliers, il y avait dans notre ancien droit bien des divergences selon les diverses coutumes, et aussi selon les auteurs qui étaient très partagés. Dans certaines provinces, on admettait la prescription de trois ans ; dans d'autres, on exigeait une possession quinquennale et même trentenaire. Un principe fixe et uniforme fut enfin établi par le Code, et peut-être avant lui par la jurisprudence du Châtelet, principe formulé en ces mots : En fait de meubles, possession vaut titre. Cette règle, mal comprise par certains auteurs, signifie évidemment qu'on ne peut pas revendiquer les meubles, que la prescription, quant à eux, est instantanée, acquise par le seul fait de la possession.

Les motifs de cette règle fameuse sont manifestes. La propriété des meubles ne se trouvant presque jamais constatée par écrit, l'acheteur n'a pas les moyens de s'assurer que son vendeur est véritablement propriétaire ; de plus, les meubles passant de mains en mains avec une grande rapidité, leur revendication eût été une source infinie de procès.

La possession des meubles en rend propriétaire instantanément; mais sous quelles conditions produira-t-elle cet effet ?

Deux conditions sont nécessaires : 1° possession de bonne foi, car la loi devait excuser l'erreur, mais non favoriser la fraude ; 2° juste titre. Si le possesseur n'a pas de juste titre d'acquisition, il ne possède pas, en effet, ou il n'a pas l'*animum domini*, et alors la prescription est impossible ; ou bien il possède en maître, et alors étant de mauvaise foi, il ne peut prescrire que par trente ans. On a voulu trouver une troisième condition, et l'on a dit qu'il fallait, en outre de sa bonne foi et du juste titre, que le possesseur ne fût pas personnellement obligé envers le propriétaire à la restitution du meuble. Mais ce n'est pas là une condition distincte des deux premières, elle se confondra toujours avec l'une d'elles ; et comment d'ailleurs croire à la nécessité de trois conditions, quand on n'en exige que deux pour la prescription des immeubles par dix ou vingt ans ?

Nous avons vu précédemment que la prescription de dix ou vingt ans ne s'appliquait qu'aux immeubles individuels ; la prescription instantanée de l'art. 2279 ne s'applique qu'aux meubles individuels et non aux universalités ou quotes-parts

d'universalités. Ce ne sont même pas tous les meubles individuels qui y-sont soumis, mais seulement ceux qui se transmet-
tent de la main à la main, sans rédaction d'acte de transfert.

La loi fait une exception à cette règle : en fait de meubles,
possession vaut titre pour les meubles perdus ou volés. Quand
la chose est sortie des mains du propriétaire par perte ou par
vol, le possesseur n'en acquiert la propriété qu'après trois ans,
à compter de la perte ou du vol. Nous parlons ici du tiers acquéreur de la chose volée ou perdue, et non de celui qui aurait
trouvé ou volé la chose ; car alors il n'y a ni juste titre ni bonne
foi, et dès lors la prescription trentenaire est seule possible.

Il est un cas néanmoins où l'action en revendication du propriétaire de la chose volée ou perdue n'est pas admise, c'est
celui ou le possesseur de la chose l'a acquise de bonne foi, dans
une foire, dans un marché, ou de personnes vendant des choses
semblables. Le propriétaire ne peut revendiquer qu'en rem-
boursant à l'acquéreur le prix que lui a coûté la chose. Si le
possesseur avait acheté sa chose ailleurs que dans une foire,
dans un marché, ou de personnes vendant des choses semblables, il serait en faute de ne s'être pas assuré de la moralité de
son vendeur, et la revendication pourrait s'exercer sans indemnité.

Le titre vingtième se termine par une disposition générale
portant que les prescriptions commencées à l'époque de la pu-
blication de ce titre, seront réglées conformément aux lois an-
ciennes.

DES ACTIONS POSSESSOIRES.

(Code de procédure, art. 23-27, loi du 25 mai 1838.)

Nous avons déterminé dans la première partie de notre sujet quel était le temps nécessaire pour que la possession fît ac-

quérir la prescription ; il se peut que pendant qu'il est en voie de prescrire, le possesseur se voit troublé ou même dépouillé par un tiers. La loi ne pouvait rester indifférente à ces actes de violence ; il était d'intérêt public qu'elle vînt protéger la possession, la défendre contre les attaques auxquelles elle pourrait être en but. De là le titre IV du Code de procédure, intitulé : *Des jugements sur les actions possessoires*. Une loi postérieure, la loi du 25 mai 1838, sur la compétence des juges de paix, confirme entre leurs mains la connaissance exclusive des actions possessoires, mais à charge d'appel.

Nous allons donc combiner les dispositions de cette loi avec celles du Code de procédure, pour expliquer la matière qu'il nous reste à traiter.

On reconnaît dans notre droit deux grandes classes d'actions : les actions pétitoires, les actions possessoires. Leur objet est commun, dans les unes comme dans les autres on conclut, en général, à obtenir la détention physique, matérielle de l'objet ; mais leurs causes, leurs principes diffèrent essentiellement.

Dans l'action pétitoire, on demande la possession parce qu'on est ou que l'on prétend être propriétaire.

Dans l'action possessoire, on demande bien encore la possession, mais ce n'est plus en qualité de propriétaire, c'est seulement à titre de possesseur. De là cette conséquence, que pour triompher dans l'action pétitoire, il faut prouver son droit de propriété, tandis qu'il suffit dans l'action possessoire de prouver que sa possession a duré le temps voulu, et réunit les qualités qui sont exigées.

Notre législation ne distingue nulle part, au moins en termes formels, les différentes espèces d'actions possessoires. Nous pouvons toutefois reproduire une division importante que l'on rencontre déjà dans l'ordonnance de 1667 sur la procédure, division que Pothier indique aussi dans son traité sur la possession ; c'est la distinction entre la réintégrande et la complainte.

Fixons d'abord exactement le sens de ces deux termes :

La réintégrande est l'action possessoire par laquelle le possesseur spolié, expulsé, conclut contre l'auteur de la spoliation à la restitution de la chose qui lui a été ravie.

La complainte est l'action possessoire intentée par un possesseur, qui a été non pas expulsé ou spolié, mais inquiété, troublé dans la possession de la chose. Le trouble peut être de fait ou de droit ; de fait, si par exemple des bornes ont été déplacées ; de droit, si le tiers a sommé, je suppose, les locataires ou fermiers de payer entre ses mains.

La réintégrande et l'action pétitoire ont entre elles certains rapports : ainsi elles tendent l'une et l'autre à la restitution de la chose enlevée, mais elles ont chacune leurs avantages particuliers. D'un côté, l'action pétitoire est plus efficace, en ce qu'une fois la revendication jugée légitime, toute question de propriété est tranchée définitivement entre les parties, tout débat sur ce sujet est clos entre elles dès ce moment ; tandis que la réintégrande décide seulement la question de possession, en laissant entière celle de propriété, de sorte que le défendeur à la réintégrande qui a succombé au possessoire, a le droit d'agir au pétitoire.

Mais, d'un autre côté, la réintégrande est préférable à l'action pétitoire, en ce qu'il suffit pour gagner son procès de prouver la possession sans être tenu de soutenir qu'on est propriétaire.

La loi du 25 mai 1838, dans son article 6, mentionne, outre la complainte et la réintégrande, l'action en dénonciation de nouvel œuvre qui a pour objet d'empêcher la continuation, ou de faire ordonner la destruction de travaux nouvellement pratiqués sur un fonds, lorsque ces travaux sont préjudiciables au possesseur. Nous ne rangerons pas, toutefois, cette action dans une classe à part, et nous déciderons avec la jurisprudence que ce n'est là qu'une application particulière de la complainte, et que le juge de paix a qualité pour rétablir les choses dans leur état primitif, et faire supprimer par conséquent les travaux achevés.

La loi de 1838 ajoute encore : et autres actions possessoires, mais tous ces cas rentrent dans ceux que nous avons expliqués, et l'on ne saurait concevoir d'autres actions possessoires que celles qui sont fondées soit sur une dépossession, soit sur un trouble de droit ou de fait.

Examinons maintenant quels sont les objets à raison desquels on peut agir au possessoire.

Les actions possessoires s'appliquent tant aux immeubles par leur nature qu'aux immeubles par destination, pourvu que ces derniers ne soient pas séparés des fonds auxquels ils sont destinés. S'appliquent-elles à l'usufruit et aux servitudes?

D'abord un point incontestable est que l'usufruitier dans ses rapports avec le nu propriétaire, n'étant qu'un détenteur précaire, ne saurait jouir des actions possessoires; car, comme nous allons le voir, c'est là un obstacle à l'exercice de ces actions. Mais quant à l'usufruit lui-même, celui qui en est nanti possède *animo domini*, on ne devait donc pas lui refuser les moyens de faire respecter son droit; aussi jouit-il des actions possessoires.

Passons aux servitudes. Ici il faut distinguer entre les différentes classes de servitudes. Les servitudes continues et apparentes sont susceptibles de prescription; elles doivent être dès lors soumises aux actions possessoires, et la même possession qui, suffisamment prolongée, conduirait à la prescription, permet d'intenter la complainte ou la réintégrande. A l'égard des servitudes discontinues, ou continues non apparentes, la question est controversée, mais nous pensons que ces droits de passage, puisage, pacage, se refusant à l'acquisition par prescription, ne peuvent pas par là même donner lieu à une action possessoire. Nous ajouterons à l'appui de notre opinion que ces servitudes ne sont exercées le plus souvent qu'à titre de tolérance, d'acte de bon voisinage.

Quant à ce qui regarde les meubles, la règle générale est que l'action possessoire ne leur est pas applicable; la raison se trouve dans l'art. 2279, en fait de meubles, possession vaut titre. Si le propriétaire ne peut pas revendiquer sa chose entre les mains d'un tiers, à plus forte raison un simple possesseur ne doit pas avoir ce droit.

Que décider. S'il s'agit d'une universalité de meubles, par exemple d'une succession mobilière? Des auteurs soutiennent que, dans ce cas, il doit être fait exception à la règle; d'autres s'en tiennent au principe général.

Dans l'ordonnance de 1667 et dans plusieurs coutumes, on reconnaissait au possesseur d'une succession mobilière, le droit d'exercer une complainte, aucun texte n'est venu abroger cette doctrine, donc elle est encore en vigueur.

Abordons maintenant les conditions requises pour l'exercice des actions possessoires. Voici la teneur de l'art. 23 : les actions possessoires ne seront recevables qu'autant qu'elles auront été formées dans l'année du trouble, par ceux qui, depuis une année au moins, étaient en possession paisible par eux ou les leurs, à titre non précaire.

Le demandeur au possessoire a donc deux choses à prouver : 1° une spoliation servant de base à la réintégrande, ou un trouble donnant ouverture à la complainte ; 2° une possession réunissant les qualités exigées par l'art. 23, C. de Pr., et 2229 du C. Nap.

A part ces différents caractères, que nous avons expliqués, l'art. 23 exige deux conditions nouvelles. Il faut que la possession ait été annale, et que l'action soit intentée dans l'année du trouble. L'article veut que la possession ait duré au moins un an, c'est là la reproduction de l'ancienne règle des coutumes que l'an et jour sont nécessaires pour acquérir par la détention la qualité de possesseur légal. Le motif en est que la présomption de propriété ne saurait être attachée à une possession d'une durée trop courte, pour que les intéressés aient été mis à même de la connaître et de la contredire. Il n'est pas nécessaire que la possession soit restée pendant tout le temps qu'elle a duré entre les mains de la même personne. Je puis joindre à ma possession celle de mon auteur ou de ceux qui ont possédé pour moi.

L'action doit être intentée dans l'année du trouble, parce qu'il serait difficile après plusieurs années de vérifier et constater avec certitude les usurpations ou les troubles.

Parcourons maintenant les règles de procédure spéciales aux actions possessoires, en laissant de côté les règles générales suivies pour les actions soumises à la compétence des juges de paix. Le juge de paix est compétent en premier ressort seulement, quelle que soit l'importance du litige.

Il peut arriver qu'on nie le trouble ou la spoliation, ou bien que, reconnaissant qu'il y a eu trouble ou spoliation, on méconnaisse la possession elle-même. Ces questions sont en général tranchées par des preuves testimoniales.

Si la possession ou le trouble sont déniés, dit l'art. 24, l'enquête qui sera ordonnée ne pourra porter sur le fond du droit. De telle sorte que si les témoins appelés à déposer sur le fait de la spoliation ou du trouble et sur la possession, énonçaient des faits qui tendraient à prouver une possession prolongée pendant le temps nécessaire pour donner naissance à la prescription, le juge de paix ne devrait tenir aucun compte de ces dispositions, parce que les témoins sont entendus à l'effet de constater non un droit de propriété, mais un droit de pure possession.

On pourrait faire la preuve par des titres, à la condition de ne s'en servir que comme d'instruments de possession.

Dans toute cette matière domine cette ancienne maxime protectrice de l'ordre public : *spoliatus ante omnia restituendus.*

Le possessoire et le pétitoire ne seront jamais cumulés. Cette règle a été extraite de l'ordonnance de 1667, elle signifie que la question du possessoire doit précéder celle du pétitoire, que la même partie ne peut agir en même temps au pétitoire devant les tribunaux ordinaires, et au possessoire devant le juge de paix.

Le demandeur au pétitoire n'est plus recevable, d'après l'article 26, à agir au possessoire, parce qu'en intentant une action en revendication devant le tribunal de l'arrondissement, il reconnaît par là que son adversaire est le véritable possesseur.

Le défendeur au possessoire (c'est-à-dire l'auteur du trouble) ne pourra se pourvoir au pétitoire qu'après l'instance terminée sur le possessoire, toujours par application de la règle que le possessoire et le pétitoire ne doivent jamais être cumulés. Avant d'examiner la question de propriété, il faut remettre les choses dans l'état où elles étaient avant le trouble ou la spoliation.

Ainsi donc, quand une action possessoire est intentée, le défendeur à cette action ne peut pas se soustraire à ses conséquences en agissant au pétitoire, et le demandeur au pétitoire ne peut pas obtenir la discussion de son droit avant qu'on ait statué au possessoire.

L'art. 27 ajoute : il (le défendeur au possessoire) ne pourra, s'il a succombé, se pourvoir qu'après qu'il aura pleinement satisfait aux condamnations prononcées contre lui.

Le principe général, c'est que l'obligation où est le perdant d'acquitter la condamnation en principal et frais, ne l'empêche pas d'intenter contre son adversaire une autre action pour un objet distinct ; mais ici encore, les dispositions ordinaires ont cédé devant la règle : *spoliatus ante omnia restituendus*, et la loi oblige le possesseur, par suite de violence, à acquitter en entier les condamnations qu'il a encourues au possessoire avant de pouvoir agir au pétitoire.

Toutefois, on a apporté un tempérament à la rigueur de cette décision par ces mots : « Si néanmoins la partie qui les a obtenues était en retard de les faire liquider, le juge du pétitoire « pourra fixer, pour cette liquidation, un délai après lequel « l'action au pétitoire sera reçue. »

Il ne fallait point, en effet, permettre à celui qui a obtenu la condamnation de paralyser l'exercice de l'action de son adversaire, en différant indéfiniment la liquidation des dépens et dommages et intérêts.

Ces condamnations au possessoire peuvent comprendre : 1° la restitution du fonds ; 2° la restitution des fruits perçus pendant l'indue possession, 3° l'indemnité du préjudice résultant de la dépossession ; 4° les frais du procès. Observons en terminant que l'art. 2060 du Code Napoléon a attaché la contrainte par corps impérative à l'acquittement de ces diverses condamnations.

QUESTIONS.

I. En cas de conflit des lois de différents pays, la prescription libératoire est réglée d'après celle du domicile du débiteur.

II. Un tuteur muni de l'autorisation nécessaire pour aliéner peut renoncer à la prescription.

III. La citation en conciliation est interruptive quand elle est donnée dans une affaire que la loi ne soumet pas à cette formalité.

IV. La suspension de prescription dont il s'agit dans l'article 2256-2°, ne cesse pas par la séparation de biens.

V. Les instances, outre la prescription qui leur est propre, sont encore soumises à la prescription trentenaire.

VI. La prescription d'une rente commence à courir à la date même du titre constitutif.

VII. Dans la prescription de dix ou vingt ans, c'est la résidence du propriétaire que la loi prend pour base du calcul.

VIII. Les servitudes ne peuvent s'acquérir que par trente ans.

IX. La prescription de cinq ans s'applique à tous intérêts quelconques, qu'il y ait ou non jugement de condamnation.

X. Une universalité de meubles peut servir de base aux actions possessoires.

XI. Les servitudes discontinues ou non apparentes ne peuvent pas donner lieu à une action possessoire.

XII. La possession doit être annale pour permettre d'intenter la réintégrande.

Vu par le Président,
ORTOLAN.

Vu par le Doyen,
C.-A. PEL...

www.ingramcontent.com/pod-product-compliance
Lightning Source LLC
Chambersburg PA
CBHW032312210326
41520CB00047B/2984